¡SÍ! SOMOS LATINOS

ALMA FLOR ADA
F. ISABEL CAMPOY
ILUSTRACIONES DE DAVID DÍAZ

NOTA DE LAS AUTORAS: Con el fin de facilitar la lectura de los diálogos en el formato
poético que hemos elegido para los perfiles personales que forman parte de este libro,
se ha optado por emplear comillas en lugar de guiones, que es lo acostumbrado en
español.

Índice

¿Qué es ser latino?

Hay más de cincuenta millones de personas en Estados Unidos que se denominan a sí mismas latinos o latinas; una población más numerosa que la de muchos países. ¿Te has preguntado qué es lo que hace que alguien sea latino?

Hay latinos y latinas de diferentes orígenes. Algunos son descendientes de los primeros europeos que se asentaron en lo que hoy es Estados Unidos: españoles que crearon ciudades como San Agustín, en Florida; Santa Fe, en Nuevo México; El Paso, en Texas; y Los Ángeles, en California. Muchos provienen de familias que vivían en Texas, Arizona o Colorado cuando Estados Unidos anexionó esos territorios de México como resultado de una guerra. Otros emigraron de países hispanohablantes y llegaron a Estados Unidos en distintos momentos.

¿Hay latinos y latinas en todos los estados? Sí, en todos, tanto en zonas urbanas como rurales. Algunos latinos son profesionales con un alto nivel educativo: médicos, científicos, artistas. Algunos son empresarios, que montaron y manejan su propio negocio. Otros trabajan en el campo o en fábricas, realizando arduos trabajos físicos.

La mayoría de los latinos y las latinas no tiene un origen único: son mestizos, de sangre o de cultura. Su herencia incluye raíces indígenas, africanas y españolas, así como de otros pueblos que se establecieron en Hispanoamérica a lo largo de los siglos.

Este libro brinda solo una muestra de cómo son los latinos y las latinas de Estados Unidos. Para quienes tienen antepasados latinos, tal vez surjan preguntas acerca de su rica herencia. Esperamos que en quienes no los tengan se despierte el interés por aprender más sobre los latinos y las latinas. ¡Ojalá encuentren entre ellos grandes amigos!

Para todos, cualquiera que sea su origen, este libro es una invitación a mirar en su interior. ¿Qué nos dice de ti tu historia?

Me llamo Juanita

Soy mexicana.
Vivo en Nueva York.
Soy latina.

"Despiértate, Juanita. Levántate, *mija".*
Hay impaciencia en la voz de mamá.
"Vamos, que se hace tarde.
Voy a perder el autobús".
No quiero que se disguste y me levanto.
En la mesa
espera el desayuno.
Mis hermanos devoran tortillas humeantes
y huevos rancheros,
sus preferidos.

Salimos juntos del apartamento.
"¡Dios los bendiga, hijitos!",
nos dice mamá
mientras corre a alcanzar el autobús para ir al trabajo.
Entre los altos edificios
de esta calle que nunca acaba
veo una delgada cinta de cielo.
Siento crujir las hojas secas

que piso al caminar en la acera.
Anuncian que pronto los días serán fríos.
Las piernas de mis hermanos,
más largas que las mías,
me dejan detrás.
Ramón y Ramiro llegarán pronto
a su escuela intermedia
y yo seguiré aplastando hojas
con mis zapatillas nuevas.

Voy cada vez más despacio
recordando qué distinto era ir a la escuela
en nuestro pueblo, en México,
caminando por las estrechas calles de piedra
entre las colinas, siempre verdes.
Nos íbamos reuniendo al caminar,
Rosa, María, Elena, Lupe y yo,
sin siquiera darnos cuenta,
como las flores
que a veces florecen juntas en el mismo lugar.
Llegábamos contentas a la escuelita
donde el tiempo pasaba sin sentirse.
Aprendíamos números y letras,
a sumar y a restar.
Pero lo mejor de todo era la música.
Practicábamos bailes y canciones,
orgullosas de que nos hubieran escogido
para actuar en la plaza.
Me habría gustado, sin embargo,
que nos hubieran enseñado más sobre México,
sobre mi gente.
Aquí la maestra habla de las ricas civilizaciones
del país donde nací
y yo casi no sé nada de eso.

Por fin la acera interminable
salpicada de hojas secas
me lleva a esta escuela
donde mi lengua, mi dulce mixteco,

es un idioma secreto
que nadie sospecha que existe.
La maestra me saludará en español:
"Buenos días, Juana".
Sé que piensa
que me está hablando en mi idioma
y que eso me hará sentir bien,
mostrándome que ha hecho el esfuerzo
de aprender un poquito de español.
Le sonrío y la saludo:
"Buenos días, Mrs. Johnston".
Me recuerda a la señora Sánchez,
mi primera maestra en México,
que el primer día me preguntó
si hablaba español.
Cuando le dije que no, me contestó:
—Aprenderás. Aquí solo hablamos español.
Ahora, como entonces, el día se hace largo y difícil
mientras la maestra habla en su lengua,
este nuevo idioma
con tantas doble uves.

Pero hoy,
¡qué sorpresa!
Junto a la maestra, una niña,
la piel del mismo color que la mía,
el pelo largo, negro, y tan liso como el mío,
y en la cara, la misma sorpresa que en la mía,
una sorpresa que hace que sus ojos negros brillen

como brilla la negra piedra obsidiana bajo el sol.
Nuestros gritos apagan el ruido de motos y carros
que llega de la calle:
"¡Elena!"
"¡Juanita!"
La señora Johnston nos mira con sorpresa:
"¿Se conocen?"
Sonreímos en silencio,
sin explicaciones
que puedan romper la magia del momento.
Hemos aprendido a sonreír
cuando sabemos que el silencio es la mejor respuesta
o cuando no comprendemos.
Contestamos "¡Sí!" muy suavemente
y mantenemos nuestro secreto
guardándonos el júbilo para luego.

El recreo llegará, en algún momento,
y entonces hablaremos en nuestra lengua,
nuestro dulce mixteco,
para decirnos todo lo que ha pasado
desde que nos dijimos adiós en nuestro pueblo,
el pueblo que se despierta cada mañana
con cantos de gallos
y arrullos de palomas.
Pero eso ocurrirá después.
Por ahora es suficiente sonreír.

Nuestras raíces indígenas

En México, América Central y la zona andina de América del Sur se desarrollaron civilizaciones extraordinarias mucho antes de que los europeos supieran que existían estos lugares. Ciudades como Tenochtitlán (la actual Ciudad de México) y Cuzco (en Perú), las magníficas pirámides construidas por los mayas y la fortaleza de Sacsayhuamán (en los Andes) son solo algunas muestras de la riqueza de estas civilizaciones indígenas. Estas sociedades sostenibles y altamente desarrolladas lograron un conocimiento impresionante de matemáticas y astronomía, y crearon maravillas arquitectónicas únicas, artesanías originales y verdaderas obras de arte: esculturas de piedra, vasijas de arcilla, tejidos exquisitos y hermosas joyas de oro y turquesa. Algunas de sus creaciones no han sido superadas todavía.

Después de la llegada de Cristóbal Colón al Caribe en 1492, muchos países europeos colonizaron estas tierras. Inglaterra y Francia ocuparon y colonizaron regiones del norte: el actual Canadá y el norte de Estados Unidos. España colonizó lo que hoy es Texas, Nuevo México, Arizona, California, Luisiana y Florida, así como México, las principales islas del Caribe y la mayor parte de América Central y América del Sur. Otras zonas de América Central y del Sur fueron colonizadas por Francia, los Países Bajos, Dinamarca y Portugal. Las islas del Caribe resultaron especialmente atractivas para los europeos porque su clima era ideal para el cultivo de la caña de azúcar y de varias especies.

La población indígena de las islas casi desapareció por completo. Algunos pueblos indígenas fueron exterminados por enfermedades que los europeos habían traído involuntariamente. Otros murieron debido a los arduos trabajos forzados. Algunos se suicidaron porque no podían soportar la esclavitud. Una enorme cantidad de personas fueron traídas de África por la fuerza.

Los colonizadores españoles creían que nuevas civilizaciones solo podían surgir de las cenizas de las naciones conquistadas. Para imponer su civilización y religión, las cuales consideraban superiores, destruyeron casi todo lo que encontraron. Afortunadamente, también escribieron crónicas de lo que veían y alentaron a mestizos, como Garcilaso de la Vega y Huamán Poma de Ayala, en el Perú, para que escribieran lo que sabían sobre la cultura de sus antepasados. Mucho de lo que sabemos hoy sobre esas civilizaciones extraordinarias proviene del trabajo de arqueólogos, pero también de las crónicas escritas en las épocas de la conquista y la colonización.

Después de más de trescientos años de dominio español, los pueblos de las colonias empezaron a rebelarse y a exigir sus derechos como naciones independientes. Algunos también quisieron abolir la esclavitud. Durante el siglo XIX, todas las colonias españolas, excepto Puerto Rico, obtuvieron su independencia y abolieron la esclavitud.

Aunque en la mayoría de estos países el español es el idioma más reconocido en las funciones oficiales, también se hablan muchos otros idiomas. Las culturas indígenas del continente americano tienen los suyos propios. Trágicamente, durante la colonia algunos de ellos fueron desapareciendo a medida que los hablantes morían asesinados o por causas naturales. Otros han ido muriendo al ser suplantados por el español. Pero otros idiomas han perdurado, como el náhuatl, el maya, el zapoteco y el mixteco en México; el quiché en Guatemala; y el quechua y el aimara en Perú y en Bolivia.

El idioma es uno de los elementos más importantes de toda cultura. Cuando el idioma está vivo, la cultura también está viva. A pesar de que las lenguas y las culturas indígenas han desaparecido o se han debilitado, la mayoría de los hispanoamericanos tienen raíces indígenas. Como escribió el poeta José Martí, los hijos de las Américas deben aprender a conocer, respetar y amar a la madre indígena de este continente.

Me llamo Mónica

Soy de El Salvador.
Vivo en Houston.
Soy tejana. Soy latina.

Mamá tenía los ojos hinchados
y la cara encendida
cuando llegué de la escuela.
Había estado llorando por horas.
Eso fue hace cinco años, en El Salvador.
Todo lo que me dijo fue:
"Tu padre se ha ido al Norte".
¡Con cuántas ansias esperamos su primera carta!
Desde la primera, todas sus cartas dirían lo mismo:
"Pronto estarán aquí, conmigo".
Pero pasaron tres años antes de que volviera a verlo.
Nos mudamos a México para estar más cerca del Norte.
Vivíamos con mi tía Vicky,
que llevaba allí muchos años.
Le limpiaba la casa y le cocinaba a Mrs. Randall,
una señora del otro lado, de Laredo, Texas.
Regresaba a casa solo los domingos.
Tía Vicky podía ir y venir,
cruzar la frontera sin problemas.

Cuando era joven se casó con un chico tejano
y se volvió ciudadana ella también.
Pero él era soldado
y murió cuando llevaban poco de casados.
Ahora sonríe para siempre, vestido de uniforme,
en la foto con marco de plata
que cuelga de la pared.

Un día, Mrs. Randall
vino a nuestra casa con su nieta.
Tía Vicky me dijo que me iría con ellas.
"Pero, primero, tengo que cortarte el pelo".
Me puse a llorar por mis trenzas.
Mis trenzas me habían acompañado siempre.
Estaba acostumbrada a sentirlas sobre mi espalda.
Saltaban mientras caminaba

y me daban palmadas cuando corría.
"Te las guardaré", me aseguró mi tía.
Y todavía las tengo, envueltas en papel de seda.
Luego me puso unas hebillas con flores rosadas
en el pelo corto.
Mrs. Randall me dio un vestido de su sobrina
y me llevó a comprar zapatos nuevos.
Cuando llegamos a la frontera, dijo:
"Mis sobrinas".
Y el guardia
movió la mano
y nos dejó pasar.
Viví varios meses con Mrs. Randall, tan buena,
sin ver a mi madre.
Cada semana, mi tía me traía una carta
En la que mamá prometía que pronto nos reuniríamos.
Cada semana papá llamaba por teléfono
y me decía lo mismo.
Pero nunca ocurría.

Una tarde,
cuando regresé de la escuela
había una mujer en la sala.
Al principio no la reconocí.
Le habían teñido el pelo
como el de mi tía.
Estaba maquillada
como mi tía.

Y tenía puesto
uno de los vestidos de mi tía.
Se parecía tanto a mi tía,
tan distinta de mamá,
que me demoré
antes de correr a sus brazos.
"Por fin decidieron que yo intentara cruzar
con el pasaporte de tu tía Vicky.
Mrs. Randall se lo llevará de vuelta
en unas semanas".
Nos quedamos un tiempo
en la casa de Mrs. Randall
y mamá hacía el trabajo de mi tía,
esperando que papá y mamá decidieran qué hacer.

Ahora vivimos en Houston.
Papá lleva aquí algún tiempo.
Ha hecho todo tipo de trabajos
pero ahora es el conserje
de un edificio
con muchas oficinas de abogado.
Y uno de los abogados
lo está ayudando
a conseguirnos papeles,
documentos,
para que no seamos por más tiempo
ilegales,
para que no tenga

que tener miedo
de la Migra,
con pesadillas
de que se llevan a mis padres
y me quedo
sola
en esta ciudad tan grande.

Mi padre dice que *ilegal*
es una mala palabra.
Dios ha hecho
a todas las personas
legales
al nacer.
"Di *indocumentado*", me insiste.
"Si es que necesitas decir algo".
Ilegal o indocumentado,
no me importa.
Me alegro de que no tendré que ser
nada de eso
nunca más,
de que seré solo yo,
Mónica,
hija, sobrina, amiga,
estudiante,
niña.

La inmigración latina a Estados Unidos

La historia de la humanidad es una historia de migraciones. En todos los tiempos las personas se han trasladado de una región a otra en busca de mejores condiciones de vida. A veces lo han hecho pacíficamente, a tierras desocupadas. Pero muchas veces, las migraciones han sido violentas, pues se han invadido y conquistado áreas que otros grupos reclamaban como suyas. ¿Cuán legítimas eran esas reclamaciones?

Estados Unidos fue edificado por inmigrantes. Salvo quienes descienden exclusivamente de los pueblos indígenas de la región, todos los demás tienen antepasados de otras partes del mundo. Algunos han permanecido apegados a su herencia cultural y pueden rastrear el origen de sus antepasados. Otros, debido a mudanzas, matrimonios interculturales u otras razones, no lo pueden saber con exactitud.

Los hispanohablantes se establecieron en Estados Unidos antes que los anglohablantes. Algunos de los actuales latinos son descendientes de aquellos primeros colonos españoles; otros inmigraron después. Aún continúan llegando muchísimos latinos, de distintas maneras y por distintas razones.

Algunos vienen a estudiar. Tienen la intención de regresar a su país, pero mientras viven en Estados Unidos consiguen trabajo, se casan o, simplemente, deciden quedarse.

Otros vienen para hacer una visita corta a familiares o amigos. Luego los atrae la idea de permanecer más tiempo.

Finalmente, consiguen empleo o compran una casa, y dejan a un lado la intención de regresar.

Algunos latinos han venido porque en su patria hay problemas políticos: guerras, dictaduras o inseguridad. Dado que Estados Unidos a menudo ha influido en los acontecimientos de su país, les parece apropiado buscar asilo aquí.

Como los primeros inmigrantes —ingleses, escoceses, irlandeses, alemanes, italianos, polacos, rusos, suecos, daneses y también judíos de distintas nacionalidades— la mayoría de los latinos vienen en busca de mejores condiciones de vida.

Las causas de la pobreza mundial, tanto de los individuos como de los países, son complejas y deben abordarse. Pero todas las personas necesitan tener lo suficiente para alimentar y vestir a sus hijos, para criarlos seguros y sanos, y para brindarles una educación que les dé oportunidades de desarrollarse. Estados Unidos se convirtió en una gran nación gracias al trabajo de inmigrantes que llegaron de muchas partes del mundo. Todavía queda mucho por hacer. Los nuevos inmigrantes quieren hacerlo, del mismo modo que lo hicieron los inmigrantes del pasado.

Cruzar la frontera sin documentos o con documentos falsos es violar la ley. Pero no todas las leyes son justas, morales o éticas. La ley que permitía la esclavitud era injusta.

Las leyes que les prohibían a los esclavos de ascendencia africana aprender a leer eran injustas. La ley que excluía a las mujeres del derecho a ejercer el voto era injusta. Y eran injustas las leyes que segregaban a los negros de los blancos en los estados del Sur, por las que los niños afroamericanos no podían ir a las mismas escuelas que los niños blancos.

Estados Unidos tiene cien senadores, cuatrocientos treinta y cinco representantes y cincuenta gobiernos estatales para hacer cumplir, debatir, enmendar o revocar nuestras leyes. Cuando las leyes son insuficientes o injustas, debido a nuevas realidades o nuevas interpretaciones, esperamos que nuestros legisladores y conciudadanos las cambien para bien. Hoy reconocemos como héroes a personas como Rosa Parks, Martin Luther King, Jr., César Chávez y Fred Korematsu, quienes lucharon contra leyes injustas del pasado.

La inmigración es uno de los temas más importantes en Estados Unidos. Nuestro país no podría funcionar sin el trabajo de los inmigrantes. ¿Cuántos inmigrantes puede admitir el país? ¿Cómo podemos asegurar que los que llegan obedecerán las leyes y serán ciudadanos productivos?

Muchas personas están debatiendo estos temas. Mientras tanto, miles de familias inmigrantes continúan viviendo, trabajando y estudiando para tener una vida mejor.

Me llamo José Miguel, no Joe, no Mike

Soy cubano y nicaragüense. Vivo en Tampa, en Florida. Soy latino.

"Adiós, José Miguel.
Que tengas un buen día, hijo.
Aprende mucho. Todo lo que puedas".
Como todos los días,
mi abuelo viene hasta la puerta
a despedirme,
y, como todos los días,
me da consejos.
Dice que hubiera querido hacer lo mismo
por su hijo, mi padre.
Grandes nubarrones cubren el cielo,
así que corro.
La escuela no está lejos
pero la lluvia puede empezar en cualquier momento.

Aquí en Florida el cielo
cambia de azul a negro en un instante
y te empapa
antes de que te des cuenta de que está lloviendo.
Roger me alcanza
antes que la lluvia.
Hubiera preferido empaparme.
Me golpea la espalda,
fingiendo que es un gesto de amistad
pero asegurándose de que me duela.

"¿Has hecho muchos tacos hoy,
Miguuuel?", me pregunta.
"¿Qué les pones?
¿Carne de perro?"
Se ríe y me deja en paz
porque ya estamos en la escuela
y Mr. Tate está de pie
en el patio
observándonos.
Desde que abrió
la nueva taquería
Miguel's Tacos,
a dos cuadras de la escuela,
los chicos no paran de burlarse.
Antes repetían
"No way, José."
Ahora las burlas son sobre los tacos.
"Sería más fácil",
no se cansa de repetir Mr. Tate,
"si los dejaras llamarte
Joe o Mike.
Te ayudaría a que te acepten".
Ayer me cansé
de sus palabras.
"¿Sabe quién es Cervantes,
Mr. Tate?", le pregunté cortésmente.
"¿Don Miguel de Cervantes?
¿O Miguel de Unamuno?

¿O Miguel Hernández?
Investigue quiénes son, Mr. Tate".
Tuve mucho cuidado
de usar un tono suave, palabras corteses.
"Búsquelos en *Google*.
Y sabrá por qué no puedo llamarme Mike".
Creo que lo impresioné.
No creo que vuelva a repetirme
ese asunto de Mike.
Aunque la verdad es que
no me llamaron Miguel
por Miguel de Unamuno,
ni por Miguel Hernández,
ni por Cervantes.
Me dieron
el nombre de mi abuelo,
José Miguel Martínez,
que nunca ha escrito una palabra,
pero cada mañana
me acompaña hasta la puerta
para despedirme
y decirme que aprenda mucho.
Por eso no seré Joe
ni Mike.
A pesar de todos los Rogers del mundo,
seré José Miguel Martínez.
Cubano, a mucha honra.
Para servirle.

Cuba y Estados Unidos

Los cubanos han sido parte de Estados Unidos desde hace mucho tiempo. Los primeros exploradores europeos y colonizadores de Florida eran españoles que habían partido de Cuba bajo el mando de Ponce de León. Las ciudades de San Agustín, Tampa, Ybor City y Cayo Hueso (o Key West) fueron fundadas por personas que provenían de Cuba, y durante gran cantidad de años muchos cubanos se fueron trasladando a ellas.

Aunque para mediados del siglo XIX todas las colonias españolas continentales se habían independizado, Cuba y Puerto Rico no lo habían conseguido. Al ser las últimas colonias españolas en el continente americano —las "últimas joyas de la Corona española"— los españoles se aferraban a ellas y había sido difícil para sus habitantes adquirir armas para defenderse. Los patriotas cubanos y puertorriqueños crearon el Partido Revolucionario, con sede en Nueva York, bajo el liderazgo del poeta y visionario José Martí. El objetivo era libertar a las dos islas: primero a Cuba, después a Puerto Rico.

La primera guerra cubana por la independencia duró de 1868 a 1878. Después de que ambas partes sufrieran numerosas bajas, se firmó una tregua. La segunda guerra estalló en 1895. No había dudas de que, en esa oportunidad, Cuba ganaría.

Poco antes, Estados Unidos había adquirido California, con lo que extendió sus fronteras hasta el Pacífico. Ahora, buscaba controlar islas. Colonizaron Hawái con facilidad después de que misioneros estadounidenses compraron

grandes extensiones de tierras y destruyeron la identidad
indígena imponiendo otra religión y otro idioma. El Congreso
de Estados Unidos operaba bajo la doctrina del "destino
manifiesto", la cual afirmaba que las islas vecinas estaban
destinadas a formar parte del país. Cuba era, según las palabras de un congresista, "la manzana madura que estaba por
caer del árbol".

En 1898 Estados Unidos declaró la guerra a España, y los
dos países combatieron en Cuba y en las Filipinas, una de
las colonias españolas del Pacífico. España, debilitada tras
años de lucha por conservar sus colonias, no tenía ni la
fuerza ni la voluntad para enfrentarse a Estados Unidos. La
guerra que habían estado ganando los cubanos se convirtió,
de pronto, en la victoria de Estados Unidos.

Para los cubanos fue un duro golpe. Habían luchado larga
y duramente contra un amo y no querían, en absoluto, ter-
minar en manos de otro. Estados Unidos ocupó Cuba desde
1898 hasta 1902, y empresas estadounidenses adquirieron
grandes campos de caña de azúcar, los ferrocarriles, las cen-
trales de energía eléctrica y otros servicios públicos. Cuando
les devolvieron el gobierno a los cubanos, el 20 de mayo de
1902, había importantes intereses económicos estadounidenses en la isla. Para resguardarlos, Estados Unidos hizo

una enmienda a la Constitución cubana para reservarse el derecho de aprobar los resultados de las elecciones presidenciales en la isla. Todo esto agriaría aún más las relaciones entre los dos países.

Durante la década de los cincuenta, Cuba fue gobernada por Fulgencio Batista, un dictador represivo. La sociedad estaba claramente dividida por clases y por ingresos: una pequeña pero poderosa clase alta, una exitosa clase media y una mayoría que vivía en una enorme pobreza. Un grupo de jóvenes cubanos, liderados por Fidel Castro y el argentino Ernesto "Che" Guevara, pusieron en marcha una revolución para derrocar a Batista. Instauraron un gobierno nuevo con la intención de proporcionar trabajo, atención médica y educación a toda la población.

La clase alta cubana, compuesta en su mayoría de personas que hablaban bien el inglés y que tenían relaciones comerciales con Estados Unidos, abandonó la isla inmediatamente, seguida de otros profesionales y empresarios. El primer grupo de inmigrantes cubanos, la mayoría blancos y con un alto nivel educativo, no tardó en tener éxito en Estados Unidos.

El nuevo gobierno cubano se apropió de las empresas que habían pertenecido a compañías estadounidenses. Estados Unidos, en medio de la Guerra Fría contra el comunismo, temía que el Partido Revolucionario Cubano fuera una amenaza para el país e inició un bloqueo que le impedía a Cuba obtener petróleo y otros productos de Estados Unidos o de América Latina. La Unión Soviética vio la oportunidad de tener un aliado en el continente americano y le ofreció a Cuba petróleo. Con los años, mientras la Revolución cubana lograba enormes progresos en medicina y en educación, la situación económica fue debilitándose y se deterioró aún más con la disolución de la Unión Soviética.

Muchos cubanos han dejado la isla para buscar mejores oportunidades económicas. En 1980 se permitió que los cubanos residentes en Estados Unidos viajaran desde Florida hasta el puerto de Mariel, en Cuba, a tan solo unas 110 millas de distancia, para buscar a sus familiares y amigos. Fueron obligados a recoger también a otros cubanos que querían dejar la isla. Durante el éxodo de Mariel, llegaron a Estados Unidos unos 125,000 cubanos.

Los cubanos que llegan a Estados Unidos son considerados exiliados políticos: si consiguen pisar la tierra estadounidense, de inmediato se les conceden los documentos de residentes legales. La inmigración cubana actual ha transformado a Miami de un pequeño y pintoresco lugar de veraneo en una ciudad vibrante y dinámica, conocida como la capital latino-americana de las finanzas y el entretenimiento.

Aunque no son tan numerosos como otros grupos de latinos, los cubanos tienen, en general, un nivel educativo alto, lo que les ha ayudado a destacarse en el campo profesional, artístico y empresarial.

Me llamo Gladys

Soy puertorriqueña.
Vivo en Filadelfia.
Soy latina.

Mi madre está muy ocupada
con los quince de mi hermana.
Me pide ayuda todo el tiempo.
"Gladys, hijita, ven, por favor".
La fiesta de quinceañera de Yolanda
es de lo único que se habla
en mi familia
desde hace tiempo.
El vestido,
la tiara,
la torta,
la música,
la corte de catorce chicos y chicas
que la acompañará
en ese rito
durante el cual, de pronto,
todos están de acuerdo
en que ya no es una niña
sino toda una mujer.

A mí me gustan las fiestas
con buena música.
Bailar me hace sentir tan libre.
Y no me cabe duda
de que Yolanda se verá preciosa
con su traje largo.
"Como una princesa",
dijeron todos cuando se lo midió.
Mamá, abuelita, las tías y las primas,
todas repetían:
"Como una princesa".

No voy a decir nada
hasta que se acabe la fiesta.
Pienso bailar
toda la noche.
Pero cuando mami
empiece a hablar
de *mis* quinces,
y sé que empezará
muy pronto,
le diré
que la familia no necesita
empeñarse de nuevo.
Me encanta bailar
pero no necesito
una fiesta costosa,
toda una producción de quinceañera.
Sé que me estoy volviendo mujer.
Pero no creo que ocurra
en un día
y lo que yo quiero es otra cosa.

Quiero que papi deje de decir
que no es buena idea
ir a la universidad.
"¿Para qué todo ese estudio, m'hijita?
¿Para qué ese esfuerzo?
Tienes que aprender a ser una buena esposa,
hijita, una buena madre. Eso es todo".
No sé si seré una esposa.

Para eso hay que encontrar a alguien, algún día.
Y si soy madre
trataré de ser
tan buena como la mía.
Pero antes
quiero llegar a ser todo lo que puedo ser.
Quiero ir a la universidad
y estudiar.
Ya sé que cuesta mucho,
y no estoy pidiendo dinero.
Solo que no me desilusionen
y me lo hagan más difícil.
Llenaré solicitudes de empleo para estudiantes,
y para préstamos y becas,
como explicó la consejera.
Ella insistió en que hay que tener
buenas notas
en la escuela intermedia, para estar bien preparada
para *high school*.
Ánimo para seguir, para tener éxito,
para lograr más que mis padres,
como ellos lograron más que los suyos.
Ir a la universidad es mi sueño.
Todo lo que quiero de mis padres
es que me animen.
Ese es el regalo de quinces
que quiero.

El orgullo de ser boricua

La Guerra Hispano-Estadounidense también afectó a Puerto Rico. Tras su victoria, Estados Unidos exigió como botín de guerra las últimas colonias españolas: las Filipinas, Guam y las Islas Marianas, en el Pacífico; y Puerto Rico y las Islas Vírgenes, en el Caribe.

Puerto Rico es parte de la mancomunidad de naciones estadounidenses (U.S. Commonwealth), al igual que Guam y las Islas Marianas. Puerto Rico pertenece a Estados Unidos, pero no es un estado. Los puertorriqueños son ciudadanos estadounidenses, pero no pueden votar en las elecciones presidenciales.

Algunos puertorriqueños creen que la isla debería independizarse, ya que tiene todos los elementos que suelen definir a una nación: territorio, idioma, cultura, historia y tradiciones propias. Otros prefieren la situación actual porque advierten que, si Puerto Rico fuera un país independiente, los puertorriqueños dejarían de ser ciudadanos estadounidenses. Un tercer grupo cree que, después de estar asociado a Estados Unidos durante tantos años, Puerto Rico debería convertirse en un estado con los mismos derechos que Hawái y los demás estados.

Al ser ciudadanos estadounidenses, los puertorriqueños pueden inmigrar a Estados Unidos con bastante facilidad en busca de oportunidades económicas. Muchos hablan español, en especial los que llegaron más recientemente. Algunos de los inmigrantes anteriores prefirieron no enseñarles español a sus hijos, pensando que hablar solo inglés favorecería su

integración. Sin embargo, a muchos de los integrantes de esta segunda generación les resulta ahora difícil viajar a su tierra natal y comunicarse con sus familiares.

A pesar de su tamaño, Puerto Rico es una nación con gran energía y riqueza cultural. En la isla florece la música, la literatura y el arte. Escritores como Esmeralda Santiago, Pura Belpré, Nicholasa Mohr, Rosario Ferré y Georgina Lázaro han enriquecido la literatura inglesa y española. Entre otros artistas puertorriqueños famosos están el pintor Antonio Martorell, la actriz Rita Moreno y el músico Tito Puente.

Los puertorriqueños también han hecho un gran aporte a la población activa de Estados Unidos. Hay puertorriqueños en todos los estados e industrias, aunque la mayoría se ha asentado en las ciudades de la costa este y de la región central. Además de contribuir con su trabajo manual y profesional, a menudo militan políticamente, y muchos han sido educadores, como Antonia Pantoja, Ricardo Fernández, Tony Báez, María Torres-Guzmán y Carlota del Portillo.

Un gran aporte de origen puertorriqueño a Estados Unidos es Sonia Sotomayor, jueza de la Corte Suprema de Justicia. Es el primer ciudadano de origen hispano que llega a formar parte del más alto tribunal del país.

Me llamo Santiago

Soy dominicano.
Vivo en Detroit.
Soy latino.

Después del partido de ayer
me duele
todo el cuerpo.
"Jugar es importante",
dice mi padre con orgullo
cada vez que ganamos un partido de béisbol.
"Pero estudiar es más importante",
añade enseguida. "No querrás
romperte la espalda
todos los días, como yo.
Será mejor que uses tu inteligencia,
que tengas un trabajo decente, hijo".
Y me habla
de todas las grandes cosas
que puedo hacer en la vida.
Él cree que no lo escucho
porque me quedo callado.

Yo sé quién fue Trujillo,
los horrores que pasaron,
toda la miseria
que vivió mi abuelo
en esa isla que llaman
la República,
un lugar en el que sufrieron mucho
pero que no pueden olvidar.
No le he hablado todavía
de mi sueño secreto.
Aquí en la ducha,
mientras el agua caliente
me relaja los músculos

y nadie me oye,
puedo decirlo bien alto:
¡Sí! ¡Lo haré! ¡Sí! ¡Lo haré!
Voy a ser doctor,
y a regresar a la isla,
donde tantos niños
mueren
porque no hay atención
para ellos.
Crearé un hospital.
¡Sí! ¡Lo haré!
Pero por ahora
será mi secreto.
No quiero que Pedro y Domingo
se rían de mí.
Pedro ya abandonó
la secundaria.
Domingo dice que no ve el día
de irse de la escuela.
Por eso mi padre
me repite una y otra vez:
estudiar es importante.
Y lo sé.
Y lo haré.
¡Sí, lo haré!
Por todos nosotros.

De una isla a un continente

La República Dominicana ocupa la mitad de la isla caribeña La Española. En la otra mitad está la República de Haití. La República Dominicana sufrió, desde 1930 hasta 1961, la larga y cruel dictadura de Rafael Trujillo, conocido como "El Jefe". Unos pocos allegados a Trujillo se enriquecieron, mientras todo el país se empobrecía. Muchas personas emigraron a Estados Unidos para sobrevivir.

Aunque la República Dominicana es, geográficamente, pequeña, ha sido cuna de numerosas personalidades. Salomé Ureña fue una de las primeras mujeres escritoras de América Latina. Su hijo, Pedro Henríquez Ureña, fue un erudito y ejerció como profesor de la Cátedra de Poesía Charles Eliot Norton de la Universidad de Harvard, de 1940 a 1941.

Dos importantes autores latinoamericanos contemporáneos son de origen dominicano. Uno es el novelista Junot Díaz, quien ganó el Premio Pulitzer para obras de ficción en 2008. La otra es Julia Álvarez, quien escribe para lectores de todas las edades. Su novela *De cómo las muchachas García perdieron su acento* se basa en las experiencias vividas por su propia familia al huir del régimen de Trujillo.

Los dominicanos han sobresalido en muchos campos. Oscar de la Renta es uno de los diseñadores de moda más conocidos en todo el mundo. La República Dominicana también es la tierra natal de docenas de beisbolistas de las Grandes Ligas, incluidos David Ortiz, Albert Pujols, Manny Ramírez, Alfonso Soriano y Vladimir Guerrero.

Me llamo Sultana o Susana

**Soy judía sefardí.
Vivo en San Francisco.
Soy latina.**

"Susana, Sultanica, ven a desayunar".
La voz de mi abuela
es suave y acariciadora como sus manos.
"Tu madre no se ha levantado todavía.
Llegó anoche muy tarde del hospital.
Pero tú debes desayunarte
y disfrutar este día hermoso".
La mesa parece dispuesta como para un banquete,
con un gran centro de flores.
Son solo flores del jardín
y hojas verdes que algunos llamarían hierbas,
pero abuelita las ha arreglado
como si fueran un ramo de una floristería.
El jugo de naranja, oro derretido en un vaso, es fresco.
La leche fría, como me gusta.
La mantequilla se derrite en el pan caliente.

Tengo varias jaleas para elegir;
sus colores hacen brillar los frascos como joyas.
Como despacio,
disfrutando la comida y las flores sencillas
tan hermosamente combinadas,
escuchando las palabras que abuelita me repite cada día.
"¡Qué privilegio poder ir a la escuela!
¡Qué gusto poder aprender!
Qué alegría poder ser
lo que quieras ser:
enfermera como tu madre, o médico,

o escritora como tu abuelo,

o dentista como tu tío,

o cualquier cosa,

lo que quieras ser..."

Su voz, que empieza fuerte y segura,

se vuelve tan suave que casi no la oigo.

"A veces, cuando estoy aquí,

en la cocina,

preparando la cena,

o cuando arranco las hierbas

en el jardín

pienso en todo lo que puedes llegar a ser".

Le sonrío,

saboreando todavía la jalea de naranja en el pan,

y le digo:

"Abu, no sé lo que quiero ser".

Sus ojos se fijan en los míos.

Espero un momento y le digo:

"Pero sí sé *cómo* quiero ser.

¡Quiero ser igualita a ti!"

Se sonríe.

Me levanto, diciendo:

"Yo fregaré los platos. Y cuando termine,

¿me enseñarás la canción que me cantaste ayer?"

Nos sentamos en las sillas de plástico

de nuestro patio pequeño,

bajo la sombra

del árbol del vecino.

Abuelita empieza la vieja canción:

Tres hermanicas eran,
blancas de rosa y ramas de flor,
tres hermanicas eran,
tres hermanicas son.

Se detiene a mitad de la canción
y mira al cielo.
"Seguramente había nubes", dice.
"Quizá eran nubes
como estas,
tan blancas, tan ligeras, tan inocentes,
cuando tuvieron que abandonar sus casas..."

En medio del camino,
blancas de rosa y ramas de flor
en medio del camino
castillos la fraguó.

"Esta canción tiene más de quinientos años.
Vivíamos en España.
Y por el miedo
y la desconfianza
tuvimos que huir,
dejándolo todo atrás.
Pero nos llevamos la lengua
y las canciones
y hemos vivido con ellas,
en ellas,
dondequiera que hemos ido".

Abu me ha contado estas historias
una y otra vez,
pero siempre quiero
volver a oírlas.
Por lo que me ha contado
supe cómo responderle a mi maestra
cuando,
queriendo hacerme sentir orgullosa,
me dijo:
"¡Qué bueno que seas bilingüe!"
Le expliqué:
"Soy trilingüe. Hablo inglés
y español,
pero mi lengua materna
es el ladino,
el idioma sefardí".

Abuelita sigue cantando
y yo canto con ella.

El idioma ladino y la identidad cultural de los judíos sefardíes

En el año 711 un grupo de guerreros árabes invadió la Península Ibérica (lo que hoy es España y Portugal) y se apoderó de la mayor parte del territorio. Durante los ochocientos años siguientes, se desarrollaron pequeños reinos cristianos en el norte de la península, los cuales poco a poco fueron reconquistando las tierras tomadas por los árabes.

Se alternaron períodos de paz y de guerra, y se formaron diversas alianzas. Pero los reinos cristianos fueron uniéndose cada vez más, mediante conquistas, tratados o matrimonios, y lograron ocupar ciudades desarrolladas y gobernadas por musulmanes. En el siglo xv, el casamiento de Isabel de Castilla y Fernando de Aragón, conocidos como los Reyes Católicos, unificó casi toda la península bajo su mandato. En 1492, ocuparon el último reino que quedaba bajo mando musulmán y tomaron la magnífica ciudad de Granada, en Andalucía. Las autoridades musulmanas huyeron y se instalaron a setenta millas de distancia, en las cercanías de Marruecos, en la costa norte de África, una región desértica muy diferente a las ricas tierras de cultivo de Andalucía, o Al-Andalus.

Comunidades judías habían vivido en la península durante muchos siglos. Después de la invasión árabe, algunos judíos vivían en reinos cristianos, pero la mayoría habitaban en ciudades musulmanas. Los moros, o gobernantes musulmanes, no solo eran tolerantes con los judíos, sino que, incluso,

les cobraban menos impuestos que los cristianos. Después
de la conquista de Granada, los monarcas católicos temían
que los judíos ayudaran a los moros a recuperar la ciudad.
Terminaron por ordenarles a todos los judíos de la península
que se convirtieran al catolicismo o, de lo contrario, serían
expulsados.

Hubo judíos que estuvieron dispuestos a hacerlo: para
ellos, la religión era una cuestión de tradición y cultura más
que de fe. Algunos de ellos y sus descendientes abrazaron la
nueva fe con tanto fervor que llegaron a ser monjas y sa-
cerdotes. Uno de los santos más importantes de la Iglesia
católica, la poetisa y mística santa Teresa de Ávila, era descendiente de conversos.

Para otros judíos, la idea de dejar su tierra natal era demasiado dolorosa, pero no estaban dispuestos a renunciar a
sus creencias. Decidieron mantenerlas en secreto: aunque en
público aceptaron el bautismo y asistían a las misas católicas,
en su corazón y en la intimidad de su hogar, continuaban
fieles a la fe judía.

Aquellos judíos para quienes su religión era el centro de su
esencia, se negaron a convertirse. Tomaron la penosa decisión
de abandonar su patria, su hogar y todas sus posesiones.

La expulsión de los judíos tuvo terribles consecuencias para España. Para determinar si las conversiones eran verdaderas, el Gran Inquisidor, Tomás de Torquemada —quien irónicamente era descendiente de conversos— dirigió la Inquisición, que cometió tremendas injusticias y crímenes contra los judíos.

Al expulsar a los judíos, España también perdió a algunos de sus ciudadanos más creativos e instruidos. Después de 1492, grandes científicos, médicos, filósofos y escritores de ascendencia judía se dispersaron por el mundo, en distintas zonas del Mediterráneo y de Europa.

Los judíos que abandonaron España se conocen con el nombre de *sefardíes*. Se llevaron consigo los recuerdos de la tierra donde habían vivido durante generaciones, la lengua que hablaban (el ladino) y las canciones que cantaban. Aunque los sefardíes se asentaron en distintos lugares y aprendieron el idioma de las nuevas tierras, conservaron el ladino en su hogar y en sus oraciones. El ladino incorpora palabras de otros idiomas, pero se conserva, en esencia, como el español del siglo xv, muy parecido al que hablaba Cervantes. Actualmente en Toledo, España, la sinagoga de El Tránsito, que alberga el Museo Sefardí, rinde homenaje a la riqueza de esta cultura.

Me llamo Julio

Soy indígena zapoteco.
Vivo en Stockton, California.
Soy latino.

El camión avanza en zigzag por la carretera,
tratando de esquivar los baches
llenos de agua por la lluvia de anoche.
"Tengo que arreglar la suspensión",
dice entre dientes mi padre,
aunque sabe que le costará los ahorros
de un mes de trabajo en los campos.
Aún no ha salido el sol.
Mi padre tiene que estar en los campos de espárragos
antes del amanecer.
Yo aprovecho para ir con él hasta la escuela.
El camión es viejo y está lleno de abolladuras,
pero mi padre está orgulloso de él.
Gracias a este camión puede dormir en casa con nosotros,
no en las barracas con los otros campesinos.
Así es mucho mejor.
Con lo que papá tenía que pagarle al patrón,
que es el dueño de los campos de espárragos,
por vivir y comer en las barracas,
puede pagar el alquiler de nuestra casa.

Mamá cocina para todos y así volvemos a ser una familia.
Mi padre es hábil.
Sabe cómo cavar y sacar los espárragos de la tierra
sin romperlos.
También sabe cómo hay que sembrarlos,
bien profundos, pero no demasiado,
con la tierra bien suelta, pero no demasiado,
para que los espárragos crezcan
a la perfección.

Por lo buen trabajador que es,
el dueño lo ha nombrado capataz
y le vendió su viejo camión.
No podría haberlo comprado en un negocio de carros
porque no tiene licencia para conducir,
pero maneja con cuidado,
temprano en el día y tarde en la noche.
Como vivimos cerca, podemos verlo todos los días.
No como antes,
cuando él estaba aquí y nosotros allá.
Él dice que lo más importante
es que mi hermano Sergio, mi hermana María y yo
estamos aprendiendo muchas cosas.
Es dura la escuela
porque allí nadie sabe nuestra lengua,
el zapoteco.

Estamos en clases bilingües,
donde nos enseñan
en inglés y en español.
No entiendo mucho el español
y el inglés es todavía un misterio para mí.
Así que muchas veces
cuando la maestra habla y habla,
yo tengo los ojos abiertos,
mirando hacia delante
al frente de la clase,
pero lo que veo son los campos verdes
que rodeaban nuestra casa,

en nuestro pueblo,
en Teotitlán del Valle.
Allí nos despertábamos
con el ruido de los telares.
Pum, pum, pum
sonaban los telares
mientras las hebras de colores vivos
creaban los diseños en los tapices.
En nuestro pueblo llevábamos a los borregos
a pastar en las colinas,
y cazábamos chapulines
que luego nuestra madre freía con chile.
En nuestro pueblo hay palomas,
blancas como las nubes y oscuras como la noche.
Las mazorcas se mecen con el viento
y los campos están cubiertos de
plantas de calabaza
que parecen reptar sobre la tierra.
En época de esquila
ayudábamos a traer los borregos,
y mi padre los esquilaba uno a uno,
recogiendo la lana compacta en una sola pieza.
Era como si los hubiera desnudado para el verano.
Mi madre primero limpiaba la lana
con un cepillo de metal,
quitando las semillas, las ramitas,
cualquier cosa enganchada.
Luego la lavaba en tinas enormes llenas de agua hirviendo,
y luego la volvía a cepillar

con un cepillo más fino.
Un proceso largo
para transformar la lana en esos hilos de colores
con que se reproducen diseños
que han vivido en nuestro corazón
por generaciones.
Esos diseños todavía se pueden ver
tallados en los muros semiderruidos
de Monte Albán,
la grandiosa ciudad que alguna vez fue
una maravilla del mundo.
"Julio", repite la Sra. Grace. "¿Dónde estás?"
"En Monte Albán", contesto sin pensar.
"Cuéntanos", me pide la maestra. "Yo estuve allí una vez
y tus compañeros deberían saber de su belleza".

Los campesinos migrantes

En Estados Unidos, antes de la Revolución Industrial, los agricultores consumían gran parte de los alimentos que producían. Cuando tenían un excedente de su cosecha, lo vendían en mercados campesinos, donde además compraban otros productos. En algunos estados, sobre todo en el Sur, los terratenientes contaban con otras personas para que labraran sus tierras. La mayoría eran esclavos de ascendencia africana que eran maltratados por sus amos. Esta situación desencadenó la Guerra Civil para abolir la esclavitud.

Con el tiempo se desarrolló un modelo de agricultura a gran escala semejante al modelo industrial para la fabricación de objetos. Según el nuevo modelo, unos pocos individuos o empresas poseen grandes extensiones de tierra y pagan a otros para que la cultiven y manejen. En algunos casos, el propietario supervisa el trabajo; en otros casos, el propietario les arrienda la tierra a otros, quienes a su vez la dividen en parcelas y las vuelven a arrendar; de manera que todos ellos ganan dinero sin siquiera trabajar la tierra. Después de que los propietarios y los arrendatarios obtienen su parte de las ganancias de la tierra, no queda casi nada para los trabajadores, quienes son los que en realidad plantan y cosechan los cultivos.

Aunque las labores del campo se han mecanizado, con tractores, arados y máquinas especializadas, una parte importante todavía debe realizarse a mano, en particular, la recolección y la selección de los frutos. Es un trabajo muy

arduo. Los agricultores pasan muchas horas sudando bajo el sol, a veces desde las cinco de la mañana hasta las diez de la noche. Además de los riesgos de la exposición solar, el polvo del campo y los pesticidas y fertilizantes químicos también son nocivos para la salud.

Algunos cultivos crecen y se cosechan durante todo el año, pero muchos son estacionales, y se necesita mano de obra solo en algunas épocas, para quitar malezas, sembrar, podar o recolectar. Muchos trabajadores siguen el ciclo de los cultivos, por ejemplo, recogen fresas en el sur de California, luego lechuga o alcachofas en el centro de California, después peras o nueces más al norte, y finalmente manzanas en Oregón y en Washington. Las condiciones de vida son muy difíciles para las familias migrantes, ya que nunca tienen un hogar estable y viven en míseros campamentos. Los niños van de una escuela a otra, con maestros y compañeros nuevos cada uno o dos meses.

Muchos obreros de fábricas y de otras industrias formaron sindicatos con el objetivo de luchar para que los patronos proporcionaran mejores condiciones laborales, como un máximo de cuarenta horas semanales de trabajo, un día libre por semana y seguro de salud e incapacidad. Pero los campesinos no están protegidos por las mismas leyes que protegen los derechos de otros trabajadores. Durante la época de la lucha por los derechos civiles, que se llevó a cabo en las décadas de los sesenta y setenta, los agricultores fundaron la Unión de Campesinos (United Farm Workers, UFW), dirigida por César Chávez, y consiguieron beneficios para algunos trabajadores. Pero la mayoría de los terratenientes no cumplen con los requerimientos de la UFW y la mayoría de los campesinos no tienen protección.

La mayoría de las personas nacidas y criadas en Estados Unidos se negarían a hacer el trabajo del campo, a menos que pertenezcan a familias de agricultores. Gran parte de esta tarea es realizada por inmigrantes que vienen de México, América Central y el Caribe. Como la vida es también muy difícil en esos países, están dispuestos a sacrificarse para ayudar a su familia.

Trabajan criando pollos, cerdos y reses, y faenando, limpiando y procesando la carne que llega a la mesa. Siembran el trigo que proporciona la harina para el pan, las galletas, los postres y pasteles que comemos. Plantan, cuidan y recogen los cereales, los frijoles, el arroz, las verduras y las frutas. Cada vez que comemos debemos recordar que esas personas han trabajado con gran esfuerzo para que podamos alimentarnos.

Me llamo Felipe

Soy panameño y venezolano.
Tengo raíces africanas.
Vivo en Chicago.
Soy latino.

"Tus manos, hijo, tus manos".
Hay tristeza
y preocupación
en la voz de mi madre.
"No te preocupes, Mami.
No es nada. Ya verás".
Trato de esconder las manos
lastimadas
por la pelea de anoche.
Pero ella continúa:
"Tus manos
tienen mucho que hacer, mucho que pintar...
Tienes un don, hijo.
No dejes que nada te dañe las manos".
La abrazo fuerte
y le doy un beso.
No quiero darle preocupaciones.
Ya tiene demasiadas.

Pero no podía dejar que esos tontos
se burlaran de Angelita, sin hacer nada.
Nadie puede decidir
cómo nace.
Unos nacen blancos,
otros negros,
como yo;
unos nacen bajos,
otros altos,
como yo.

Uno puede hacer ejercicio
para volverse más fuerte,
y estudiar
para volverse más inteligente.
Pero cuando alguien nace
como Angelita,
así es como es.
Tía Marcelina
trabaja con ella
todos los días,
ayudándola a aprender
a ayudarse.
Y mejora
poquito a poquito
pero es como es.
Suave y cariñosa,
así es Angelita,
tierna y amorosa,
con su dulce sonrisa.
Y esos tipos
no pueden verlo,
es una pena.
Pero que sigan
su camino.
No voy a dejar
que se burlen de ella
ni que le hagan daño.
"Sé su defensor",
me dijo mi madre.

Y eso es lo que trato de hacer.
Pero no va a ser peleando nunca más.
No me dañaré las manos.
Seré su defensor de otra manera.
Anoche,
cuando el dolor de las manos no me dejaba dormir,
vi la forma.
Voy a crear cuadros enormes y hermosos
con colores que nadie ha visto nunca.
La luz los iluminará por detrás.
Llamaré a mis cuadros
La serie A.
La gente se preguntará:
"¿Habrá una serie B? ¿Una serie C...?"
Yo sonreiré en silencio
y dejaré que se pregunten.
A es en nombre de Angelita,
de la luz que brilla dentro de Angelita,
tan fácil de ver
si uno se olvida de etiquetas como
limitado, impedido,
síndrome de Down,
y se limita a mirar
su sonrisa
y sus ojos luminosos.

Las profundas raíces africanas

Uno de los crímenes más horrendos que han cometido los seres humanos ha sido someter a otros a la esclavitud.

Muchas personas han sido esclavizadas a lo largo de la historia de la humanidad, en diferentes épocas y en diferentes lugares. Estados Unidos, junto con Inglaterra, Francia, Portugal y España, practicaba el comercio de esclavos. Compraron a miles de africanos capturados. Luego los embarcaron y transportaron en condiciones inhumanas a través del océano Atlántico, para que trabajaran en las plantaciones sureñas.

Los cautivos provenían de distintas regiones y trajeron consigo su cultura: los idiomas, entre ellos el mandinga o malinké, el congo, el carabalí y el lucumí; la música, las danzas, las canciones y los instrumentos musicales; las creencias y prácticas religiosas; y la literatura oral, como mitos, leyendas, cuentos y poemas. Estos elementos culturales, unidos a su fortaleza interior, su creatividad y su enorme aprecio por la vida, se han convertido en partes esenciales de la herencia mestiza de América Latina.

La presencia de descendientes africanos es mayor en las islas del Caribe y en las tierras bajas de América del Sur, cerca de las costas, donde existían las grandes plantaciones de caña de azúcar. Pero la cultura africana y su visión del mundo es un componente importante del bagaje cultural de toda América Latina.

Uno de los latinoamericanos de ascendencia africana más conocidos es el poeta Nicolás Guillén. Sus vigorosos poemas reflejan el sufrimiento de su pueblo y también el orgullo que siente por su herencia. En "El apellido", se lamenta por la pérdida de la historia de los africanos sometidos a la esclavitud y toma su carencia de apellido africano como símbolo de esa pérdida. En "Balada de los dos abuelos", reconoce su dualidad en sus dos abuelos: uno, el esclavo; el otro, el amo. Al final del poema, que denuncia la injusticia de la esclavitud, en un acto de esperanza, sus abuelos se abrazan en la sangre que corre por sus venas.

Latinoamericanos de origen africano se han destacado en todos los campos, desde la literatura y la música hasta la política, la religión y los deportes. Algunos de ellos son el gobernador mexicano de California, Pío de Jesús Pico, el santo católico Martín de Porres y los líderes de la independencia cubana Antonio y José Maceo. Músicos como Nicomedes Santa Cruz, Victoria Santa Cruz y Susana Baca han recuperado el folclore afroperuano. Los cantantes Celia Cruz, Pablo Milanés e Ibrahim Ferrer han atraído la atención del público hacia la herencia afrocubana. Reconociéndolos y valorándolos honramos a todos los hispanoamericanos de herencia africana.

Me llamo Rocío

Mis abuelos eran españoles.
Vivo en Boston.
Soy latina.

*Llegamos al puerto de Alicante descalzos, empujando
el carrito de Amaya y Arguiñe
a punto de romperse en pedazos.
Ricardo, desde el puente del barco,
lanzó un suspiro de consuelo:
—¡Ya creí que no llegaban!
Mientras se alejaba del puerto nuestro barco
lleno de refugiados,
miré las caras de desesperación de los que quedaban atrás,
ningún barco en el horizonte.
He pensado muchas veces
qué sería de aquellos hombres, mujeres y niños
ya que al día siguiente
las tropas siniestras del dictador Franco
tomaron Alicante.*

"¿Dónde lo encontraste?",
pregunta abuelita, mirando el libro
que estoy leyendo.
"Estaba en la estantería de arriba.

¿Es tu diario abu Amaya?"
"Ese diario se escribió con lágrimas.
Mi padre lo escribió para tu madre y tus tíos.
'Porque necesitan saber', dijo.
Ahora es de ustedes".
Me alegro que sea sábado
porque no puedo dejar de leer.
Este es el diario de mi bisabuelo,
pero es también mi historia,
la historia que explica por qué nací en Boston
y también quién soy yo.
Siempre he sabido algo de esta historia,
pero todo suena mucho más real en su voz.

La familia de mi madre
salió de España huyendo de la Guerra Civil.
Abuela Amaya iba en ese cochecito de niño
junto a su hermano.
Se crió en México
y allí se casó con el hijo
de otros emigrantes españoles.
Así que cuando mi madre nació en México,
también sabía que era española,
como sus propios padres, hijos de la guerra.
La familia de mi padre
también logró salir de España,
aunque lo hicieron andando,
cruzando los Pirineos hacia Francia.
Consiguieron llegar a Cuba.
Y allí se crió mi abuela
y también mi padre años después.
Mamá y papá dicen que
cuando se conocieron en la universidad
inmediatamente reconocieron
que eran dos caras de la misma moneda,
crecieron oyendo las mismas historias.
Nietos de españoles, se encontraron en Boston, Massachusetts,
pero sabiendo que España
estaba siempre en su corazón.

Hace un año fui con abu Amaya a ver Guernica,
el pueblo donde nació, en el País Vasco,
el pueblo que inspiró a Picasso
a pintar el horror de la guerra.

Qué sorpresa que en un país tan pequeño como España
pueda haber
tantos tipos de paisaje, de comida,
de música y de gentes diferentes en cada región:
Galicia, Cataluña, el País Vasco, Castilla, Andalucía.
Me ayudó a comprender
por qué son tan distintas mis dos abuelas.
Mi abuela Lola es andaluza, del sur de España,
la mujer más animada que conozco.
Se puede pasar el día cantando y diciendo cosas graciosas.
Mi abu Amaya es amable, pero firme y más bien callada.
Eso sí, cuando se ponen a contar cuentos de entonces
podrían ser la misma persona.
Abuelita Lola se pone muy seria,
abu Amaya se anima un poco;
pero es la misma tristeza la que las embarga,
a las dos,
la misma sensación de atrocidad
en las dos,
y también en ambas el mismo dolor
por un sueño destruido,

por tantas vidas perdidas
cuando todo acabó mal, tan mal.
Pero luego me miran
y me dicen que hay mucho, muchísimo,
que aprender y apreciar de la nueva España,
que volvió a nacer de sus cenizas.
Esta nueva España que, como anhelan las dos,
aprenderé a querer y a apreciar tanto como ellas.

La guerra civil española: Una lucha por la justicia

España quedó militar y políticamente exhausta al final de la Guerra Hispano-Estadounidense, en 1898. Sus intelectuales, escritores y artistas consideraron que había llegado el tiempo de reflexionar y de no mirar más hacia fuera, sino dentro de sus fronteras, de preguntarse cuál sería el futuro del país, que había dejado de ser un poder imperial. Estos pensadores, conocidos como "La generación del 98", habían nacido en distintas partes de España. Miguel de Unamuno y Pío Baroja eran vascos; don Ramón del Valle-Inclán, de Galicia; Azorín, de Alicante; Antonio Machado, de Andalucía. Ellos contribuyeron a renovar el interés nacional en el arte y en la reflexión, a cuestionarse y a soñar, no con expandirse hacia el exterior, sino con crear una sociedad más justa en sus propias tierras.

A la vez, en el pueblo había un profundo descontento. España era gobernada por una pequeña pero poderosa clase rica. Los campesinos y los obreros vivían en la pobreza, con pocas esperanzas de mejorar su situación. Basados en los ejemplos de Estados Unidos, Francia y sus propias antiguas colonias, muchos españoles decidieron tratar de acabar con la monarquía y constituir una república.

Y triunfaron. El rey dejó el país en 1931 y se fue a Portugal. Se formaron partidos políticos y hubo elecciones democráticas para elegir presidente, alcaldes y congresistas.

Pero eran tiempos difíciles en Europa. Al menos dos naciones poderosas tenían dictaduras fascistas: Italia, con Mussolini, y Alemania, con Hitler. La República de España duró apenas un par de años, durante los cuales se establecieron escuelas públicas para todos los niños, incluidos los hijos de campesinos y demás trabajadores pobres. El gobierno también apoyó las artes y los derechos laborales. Pero la clase rica, que antes había tenido gran poder, se opuso a un gobierno que tenía como meta el bienestar de los pobres.

Los terratenientes respaldaron el levantamiento de un general que tenía las mismas ideas fascistas que Mussolini y Hitler. El general Francisco Franco, con una parte del Ejército, se sublevó contra las autoridades. Se organizaron milicias civiles para defender la República, que había sido elegida democráticamente.

Hitler y Mussolini apoyaron a Franco, y España se transformó en terreno de pruebas para aviones y armas nuevas que pronto se utilizarían en la Segunda Guerra Mundial. Países democráticos como Gran Bretaña y Estados Unidos permanecieron neutrales, y la República intentó defenderse con sus milicias. En sus filas peleaban hombres que no tenían armas ni uniformes adecuados, que usaban zapatos de lona, contra ejércitos bien organizados y equipados. El número de víctimas de ambas partes fue enorme. Murieron cerca de un millón de personas en un país que tenía menos de cuarenta millones de habitantes.

Algunos españoles huyeron tan pronto empezó la guerra. Otros se fueron cuando Franco venció y estableció su dictadura. Algunos pudieron escapar en barco. Otros cruzaron los Pirineos y llegaron a Francia. Muchos atravesaron el Atlántico hacia Argentina, México, Cuba, Puerto Rico y Estados Unidos.

Eran trabajadores rurales y urbanos, intelectuales, maestros, catedráticos universitarios y médicos. Llevaban la decisión de vivir en libertad: empezar de nuevo, hacerse un porvenir, mantener a su familia y conservar sus ideas de justicia social.

También huyeron muchos de los escritores, poetas y artistas que habían apoyado la República. Buscaron apoyo para el gobierno democrático y denunciaron con palabras y pinturas lo que estaba sucediendo en España. Pero algunos no pudieron huir: el poeta y dramaturgo Federico García Lorca fue arrestado en su casa y fusilado, mientras que el poeta Miguel Hernández murió en prisión.

Entre los muchos intelectuales y artistas que se establecieron en Estados Unidos estuvieron los poetas Pedro Salinas y Jorge Guillén. El violonchelista Pau Casals; el poeta Juan Ramón Jiménez, ganador del Premio Nobel; y su esposa, la traductora Zenobia Camprubí, se exiliaron en Puerto Rico.

Pero no solo se exiliaron personas. Fue famoso el exilio del cuadro *Guernica*, de Pablo Picasso, que representa los estragos producidos por el bombardeo de la ciudad de Guernica, en el País Vasco, al norte de España. Esta pintura, una de las más importantes del siglo xx, permaneció durante décadas en Estados Unidos. Picasso se negó a que se exhibiera en España durante la dictadura represiva de Franco.

Guernica regresó a España en 1981, después de la restauración de la democracia. Inicialmente lo instalaron en el Museo del Prado y ahora puede verse en el Museo Reina Sofía.

Los españoles que emigraron a causa de la Guerra Civil esperaban que la dictadura de Franco terminara pronto para regresar a su hogar. Pero no fue así. Por el contrario, permanecieron en el exilio, enriqueciendo su nuevo país con su cultura y sus experiencias.

Me llamo Lili

Soy guatemalteca. Soy china.
Vivo en Los Ángeles.
Soy latina.

Me llamo Michiko

Soy peruana. Soy japonesa, *sansei*.
Vivo en Los Ángeles.
Soy latina.

Estoy acostumbrada a la cara de sorpresa
que pone la gente la primera vez
que me oye hablar español.
Algunas veces los oigo decir cosas como
"A ustedes los chinos
les es fácil aprender idiomas".
Me canso de dar explicaciones.
Es verdad que soy china,
también lo es que soy latina,

hispanoamericana, guatemalteca.
Me gusta cuando no tengo que explicarlo.
Y eso fue lo que pasó cuando conocí
a Michiko,
que ahora es mi mejor amiga.
Éramos nuevas en la escuela
y nos pusieron en la misma clase bilingüe de español.
Me miró,
la miré
y nos sonreímos.
Las dos sabíamos.
Sabía que ella habría tenido que explicar
muchas veces

que aunque es nieta de japoneses,
el español es su primer idioma.
Igual que yo digo que soy china y latina.
Fue fácil hacernos amigas,
había algo que ya sabíamos la una de la otra.
A mí me gustaría aprender un poco más de chino
y Michiko también quisiera hablar más que
unas palabras de japonés.
Por eso vamos a estudiar la lengua de nuestros abuelos;
porque, como decimos,
"Si dos es mejor que uno,
¡cómo será entonces poder hablar tres idiomas!"

Yo soy Michiko,
y estoy totalmente de acuerdo
con lo que dice Lili.
Me siento orgullosa de ser
de Perú —un país de antiguas culturas
extraordinarias—
y de saber que
mis abuelos vienen de una cultura igualmente
antigua y rica.
Me gusta oír lo que dice la gente,
escuchar sus historias.
Intento comprender lo que cada persona
lleva por dentro.
Y creo que por eso
seguiré aprendiendo otros idiomas,
para que un día
pueda hablar
y escuchar
por todo el mundo
y sentirme siempre en casa
y entre amigos.

La presencia china en América Latina

Aunque los inmigrantes de origen asiático que llegaron a América Latina no han sido tan numerosos como los que llegaron a América del Norte y a Europa occidental, grandes olas de personas provenientes de China, Japón y Corea comenzaron a arribar a varios países latinoamericanos durante el siglo XVIII. Algunas tenían contratos laborales para ir a un país determinado, pero muchas otras viajaban clandestinamente en condiciones deplorables en la bodega de los barcos.

Estos trabajadores asiáticos huyeron de sus países por falta de empleo y buscaban mejores oportunidades para ellos y sus familias. A menudo, se les prometían tierras, pero, por lo general, solo encontraban condiciones de vida parecidas a las de la esclavitud.

Desde mediados de la década de 1840, se comenzaron a traer trabajadores chinos, sobre todo de Guangdong, una región devastada por la guerra y el hambre, al continente americano, para que trabajaran en plantaciones, minas y el tendido de vías férreas. Su historia es una historia de triunfos mediante el sacrificio: a pesar de que los propietarios de las plantaciones, las minas y los ferrocarriles se enriquecieron gracias a los trabajadores, estos se esforzaban por economizar y ahorrar hasta que podían abrir su propio negocio; principalmente, restaurantes, tiendas tipo miscelánea, lavanderías o verdulerías.

A mediados del siglo xx, llegaron otras olas de inmigrantes oriundos de Taiwán, y fueron a trabajar, sobre todo, en fábricas de ropa, en las grandes ciudades de Panamá, Cuba, Paraguay y Bolivia. Algunos de estos inmigrantes chinos y taiwaneses o sus hijos, ya hispanohablantes, se han instalado en Estados Unidos y se han integrado a la población latina del país.

Hoy China tiene gran presencia en América Latina: da préstamos de miles de millones a Brasil, construye automóviles en Uruguay, compra cobre a Chile, envía autobuses a Cuba y ropa a México. Su fuerza en el mundo es incuestionable.

Entre los más famosos latinos de origen chino se encuentran Wifredo Lam, pintor nacido en Cuba, de ascendencia china y africana; Franklin Chang-Díaz, astronauta de la NASA, con antepasados chinos y costarricenses; y Amelia Lau Carling, autora e ilustradora de libros infantiles, que vive y publica sus obras en Estados Unidos, y tiene herencia china y guatemalteca.

La presencia japonesa en América Latina

Trabajadores japoneses comenzaron a emigrar a finales del siglo XIX a América Latina, en particular a Brasil, México y Perú. Allí crearon comunidades sólidas ayudándose entre sí, incluso, prestándose dinero y casándose con miembros de su propio grupo, lo que aseguraba la supervivencia de su cultura. A pesar de que trabajaban mucho por salarios muy bajos, con el tiempo pudieron comprar pequeños lotes de tierra y luego formar grandes cooperativas. Hoy los japoneses radicados en Brasil son los mayores exportadores de jugo de naranja del mundo.

En la década de 1980, cuando la economía japonesa prosperó vertiginosamente, muchos japoneses asentados en América Latina regresaron a su tierra natal con las ganancias que habían obtenido y contribuyeron así a mejorar el nivel de vida de su familia. Entre los latinoamericanos de ascendencia japonesa destacados se encuentran el poeta peruano José Watanabe, el poeta boliviano Pedro Shimose y la modelo brasileña Juliana Imai.

Un pasaje difícil y penoso de la historia de estos inmigrantes tuvo lugar en Estados Unidos durante la Segunda Guerra Mundial. Durante ese período, el gobierno estadounidense recluyó a cerca de 110,000 ciudadanos y residentes de origen japonés en campos de concentración. También ejerció presión sobre los países latinoamericanos para que deportaran a sus ciudadanos japoneses, alemanes e italianos, para internarlos en esos campos. Más de dos mil latinos de origen japonés fueron internados; el ochenta por ciento de ellos

provenía de Perú. Sufrieron la humillación de ser repudiados por su propio país y deportados al extranjero, donde se hablaba un idioma que no conocían. Como algunos solo sabían español, quedaron muy aislados en los campos.

La historia de la posguerra no siempre ha sido feliz para los latinos de ascendencia japonesa. La Ley de Libertades Civiles de 1988 dispuso que se entregara una indemnización de 20,000 dólares a cada estadounidense de origen japonés que hubiera estado internado, o a sus herederos. Inicialmente, esta reparación excluyó a los que eran latinos, pero en un juicio posterior se les asignó también una compensación, aunque solo de 5,000 dólares por persona internada. Algunos de estos latinos de origen japonés intentaron regresar a América Latina, pero no fueron recibidos y no tuvieron más remedio que volver a Japón. Sin embargo, sus hijos, que habían nacido en países latinoamericanos, no se sentían cómodos en Japón, lo que provocó muchos conflictos familiares.

A pesar de estas dificultades, los actuales descendientes de los inmigrantes japoneses siguen contribuyendo al desarrollo de las sociedades latinoamericanas.

Me llamo Andrés

Soy colombiano y ecuatoriano.
Vivo en Miami.
Soy latino.

El Mall de las Américas
es el sitio favorito de mis familiares
cuando vienen a Miami desde Colombia.
Solemos separarnos por grupos.
Mi padre se va con el tío Julio.
Siempre vuelven con montones de paquetes
y sonrisitas secretas;
no hace falta preguntar si se lo pasaron bien.
Yo voy con Ricky. Se vuelve loco
buscando música, inventos y juegos.
"No es que no lo tengamos en Bogotá", me dice,
"sino que aquí es más barato".
Yo, sin embargo, sería feliz si pudiera irme con mi madre.
Ella se va con mi tía Rosario a tiendas especializadas
a comprar instrumental médico
para su clínica.
Mi tía a veces compra dos o tres de la misma cosa.
"Es para mi colega, el Dr. San Juan.
No le gusta viajar", dice.
"Con lo que ahorramos,
podemos llevar a los niños a Florida",

oí que decía mi tío Julio.
Sé cuánto le gustan los Everglades a mi prima Isabel.
Quiere ser bióloga,
y ya lo parece,
con sus pantalones anchos y su sombrero de red,
sus botas impermeables y su enorme
mochila.
Debo confesar que al principio
me daba miedo su determinación,
allí esperando en un café al aire libre
hasta que hubiéramos acabado con las compras
y fuera su turno para elegir.

Nadie se atrevería a ponerse entre ella
y su exploración de los Everglades.
Quise saber por qué le parecían tan atractivos
los cocodrilos y los pájaros.
Pero después de mil preguntas
era yo el que quería ir también.
"¡Catastrófico!" le llama ella a lo que está pasando
en los Everglades. Se está muriendo.
Y con él, las especies que tienen aquí su hogar.
Pero aún podemos salvar el Pantanal".
En mi vida había oído yo lo del Pantanal.
"Es uno de los más ricos y extensos
espacios bioambientales de la Tierra,
que se extiende por Brasil, Bolivia y Paraguay.
¡Extraordinario!
¡Una de las maravillas del mundo natural!", dijo Isabel.
Y se puso a hablar de nutrias de río y jaguares, tucanes,
tapires, guacamayos, anacondas y caimanes,
cien clases de flores
y miles de mariposas de colores.

Me convenció.
¡Hay que salvar el planeta!
¡Ahora, *now*, ya!

América Latina: Fuente de biodiversidad

América Latina, que se extiende desde el Caribe hasta la Patagonia, es física y topográficamente diversa. La atraviesan tres de los ríos más largos del mundo: el Amazonas, el Orinoco y el Paraná; y la cordillera de los Andes, la más alta del hemisferio occidental. Sorprendentes glaciares comparten la región con desiertos, y sus selvas tropicales son unas de las mayores reservas naturales de vida vegetal y animal del planeta. En la Patagonia argentina, grandes lagos constituyen algunas de las reservas más importantes de agua dulce del mundo.

Los pueblos indígenas, primeros habitantes de la región, trabajaban la tierra para alimentar a su cuantiosa población y mantener sus civilizaciones altamente desarrolladas. Transformaron el maíz, de hierba silvestre a fuente comestible, y cultivaron distintas clases de papas, tomates, frijoles y yuca.

Los europeos que viajaban al continente americano regresaban a sus países llevando muchos productos de la zona, con los que enriquecieron en gran medida la dieta europea. La papa, en especial, creció con notable rapidez en Europa porque durante el invierno podía permanecer en la tierra, a salvo de los ejércitos enemigos.

Hoy las selvas tropicales latinoamericanas son una reserva esencial de plantas y animales, cuyos beneficios para la humanidad no se han descubierto por completo. El mundo entero debe unirse para preservar las reservas inexploradas de las ricas y variadas tierras de América Latina.

Me llamo Román

Soy hispano, español, indígena norteamericano.
Vivo en Nuevo México.
Soy latino.

Mi hermano Lupe regresó de la cárcel
más delgado, más triste; callado y solemne.
Dijo que sus días malos eran cosa del pasado
y se sentó a la puerta de nuestra casa
con un cuchillo en una mano y un palo en la otra.
"¡Vaya cambio!", pensé al principio,
pero luego empecé a ver santos salir de aquellos palos.
San Francisco era su favorito. San Damián de Molokai,
el Niño de Atocha, la Virgen de Guadalupe.
Se pasó allí todo el verano, al borde del camino,
en la ciudad de Madrid, en el camino de Las turquesas
entre Albuquerque y Santa Fe,
en el estado de Nuevo México.
Cuando por fin se puso de pie, era un artista
y un buen vendedor, ya que todo el que pasaba
paraba y compraba también
aquellos preciados santos de palo que esculpía
y que a veces también pintaba.
Lupe se hizo famoso.

Decía que el arte lo había salvado.
Yo digo que él salvó al arte.
Lupe salvó el arte de nuestras culturas autóctonas
a lo largo del río Pecos,
una mezcla de la genialidad española y la indígena,
nacida de padres europeos y madres de estas tierras,
a lo largo de todo el suroeste. Y yo,
que estaba destinado a abandonar la escuela
en cuarto grado,
empecé a interesarme en eso que Lupe llamaba *nuestra identidad*.
"La vergüenza es la sombra de la ignorancia", me dijo.
"Otros podrán ignorar tu historia y tu herencia.
Pero es un crimen si tú mismo lo haces.
Recuerda lo que digo, Román.

¡No olvides nunca quién eres!"
Un día me llevó a ver la historia
en el Museo Folclórico de Santa Fe.
Tan pronto entramos
supe que estaba creciendo. Me rodeaban nacimientos,
pastores de papel, vírgenes de barro,
cruces de aluminio, juguetes de lata.
Reconocí los materiales, las imágenes.
Recordé las ocasiones
y las caras de júbilo en mi gente.
En las paredes había guirnaldas hechas con pimientos rojos
y preciosas figuras de barro.
Había fotos de la iglesia del Padre Casimiro, en Chimayo,
potros pintos hechos con piñones,
pinturas de casas hechas de estuco,
luminarias perfilando nuestros pueblos,
al norte de Taos, en la noche.
Lupe se sentó a mi lado en la biblioteca
y leímos sobre la artista María Antonia Montoya,
creadora de la cerámica negro sobre negro,
y sobre Iris Nampeyo, del pueblo Tewa.
"¡Nuestro arte nació aquí mismo, hace dos mil años!", dijo.
El silencio en Nuevo México es azul.
Corre libre entre las mesas y los cañones rojos,
sobre las cimas de la sierra cubierta de pinos.
"Este silencio es el que atrae a tantos artistas a estas tierras",
me dice Lupe mientras conducimos por la autopista I-25
en dirección sur, hacia Albuquerque.

Hemos leído sobre *Mundos de mestizaje*, en la Pared Milagrosa
que ha pintado Frederico Vigil.
Durante nueve años Frederico estuvo trabajando en un mural
de cuatro mil pies cuadrados
dentro de la torre del Centro Cultural Hispano.
Vigil lo presenta como un tributo a todo aquello que nos une,
"a la mezcla global de culturas: romana, árabe, africana, judía,
indígena, que nos hace ser quienes somos".
Pienso en sus palabras y mirando estas paredes
me doy cuenta de la fuerza de mi herencia,
las contradicciones de nuestra historia,
las batallas perdidas y ganadas
dentro del corazón.
Hemos estado cruzando nuestras vidas durante siglos.
Mezclado nuestra sangre y nuestra fe.
Mezclando tradiciones, música y baile.
Mezclando nuestras lenguas y nuestra literatura.
Una mezcla hacia una realidad más amplia,
una identidad mayor.
Una que ahora se llama latina, latino.
¡Sí! ¡Somos latinos!

Las contribuciones de la creciente cultura latina

Latinos o hispanos han vivido durante más de cuatro siglos en territorios que hoy son parte de Estados Unidos. San Agustín, en Florida, fue fundada por españoles en 1565, más de doscientos años antes de que se firmara la Declaración de Independencia, en 1776. Y doscientos setenta años antes, en 1506, en Puerto Rico ya había población española. En Nuevo México, Texas y Arizona, se establecieron asentamientos españoles en 1598, y fueron desarrollándose otros hasta alrededor de 1692. Aunque con el tiempo la frontera entre Estados Unidos y México se ha modificado, en el sur ha habido descendientes de españoles desde hace siglos.

De los más de trescientos millones de habitantes de Estados Unidos, más de cincuenta millones son latinos. De estos, el sesenta y cuatro por ciento tiene ascendencia mexicana. Otros latinos son oriundos del Caribe, de América Central o de América del Sur. Muchas de estas familias han vivido en Estados Unidos durante muchas generaciones.

A partir de la segunda generación, como la mayoría de los inmigrantes radicados en este país, los latinos hablan inglés con fluidez. Pero muchos reconocen el valor de su lengua materna y mantienen ambos idiomas.

El espíritu empresarial de los latinos, junto con su creatividad, sus habilidades y su ética laboral, los han convertido en contribuyentes valiosos al éxito económico de este país. En

Estados Unidos hay más de tres millones de hispanos que son propietarios de empresas, y se espera que el número se duplique durante la próxima década.

La herencia artística y literaria de los latinos cuenta con cientos de escritores ejemplares, incluidos varios ganadores del premio Nobel, como Pablo Neruda y Gabriela Mistral, de Chile; Octavio Paz, de México; y Mario Vargas Llosa de Perú. A principios del siglo XX, surgió una corriente artística inigualable en México: grandes pintores como Diego Rivera y José Clemente Orozco expresaron las luchas y las esperanzas de su pueblo en murales, mientras que la pintora Frida Kahlo experimentó con la forma y el color para explorar su vida interior. Este espectro de talento, creatividad e imaginación ha inspirado a nuevas generaciones de escritores y artistas latinos de Estados Unidos.

Los latinos personifican una identidad emergente, en la que se unen descendientes de España y de los veintiún países de América Latina. Invitamos a todos a explorar, reconocer y celebrar esta cultura, que tiene una presencia vibrante en Estados Unidos. Confiamos en que, al hacerlo, cada uno encontrará inspiración para dejar su propia huella en la historia.

Agradecimientos

Ninguno de los poemas se basa en un individuo en particular. Todos son creaciones ficticias. Pero queremos reconocer y agradecer a nuestros estudiantes y a los cientos de maestros, padres y niños que a lo largo de los años han compartido con nosotras sus experiencias como latinos.

Siendo demasiados para mencionarlos aquí, y conscientes de las omisiones, nos gustaría agradecer, en particular, a los siguientes amigos, que han enriquecido nuestra vida con su presencia y nos han enseñado mucho con sus reflexiones.

Acerca de ser mexicanos en Estados Unidos

A George Ancona, Elvira Armas, Felipe Dávalos, Oralia Garza de Cortés, Antonia López, Emerita Orta Camilleri, Aurora Quevedo y Rosalía Salinas

Acerca de ser cubanos en Estados Unidos

Junto a la amplia familia de Alma Flor, a Marta Carbonell, Silvia Dorta-Duque de Reyes, Teresa Mlawer, Magaly Lavadenz, Toni Miranda y Lourdes Rovira

Acerca de ser puertorriqueños en Estados Unidos

A Tony Báez, Anaida Colón-Muñiz, Gladys Cruz, Ricardo Fernández, Antonio Martorell, Nicholasa Mohr, Carlota del Portillo, Eduardo Seda Bonilla y María Torres-Guzmán

Acerca de ser dominicanos en Estados Unidos

A Dulce María y Amalia Pérez; a los libros de Julia Alvarez

Acerca de ser sefardíes en Estados Unidos

A Sultana, quien le permitió a Alma Flor estar a su lado durante sus últimos meses y compartir su vida; a Raquel Benatar, Itzhak Emmanuel, Estella Morris y Sam Laredo

Acerca de ser zapotecos en Estados Unidos

A los estudiantes del distrito escolar de Stockton; al pueblo de Teotitlán del Valle, que nos ofreció extraordinaria hospitalidad; a los educadores del doctorado de la Facultad de Pedagogía de la Universidad de San Francisco, que han trabajado durante muchos años con los estudiantes de Teotitlán y han documentado sus palabras y sus experiencias: Silvia Dorta-Duque de Reyes, Lorena García, Marcos Guerrero, Dick Keis, James Ryan, Barbara Selvidge y Nancy Jean Smith

Acerca de la vida y las experiencias de los campesinos migrantes

A Celia Acuña, María Álvarez, Alfonso Anaya, Rosie Arenas, Ricardo Balderas, Pansy Ceballos, Frank Espinoza, Rosa Hernández, Marta López, Rosario Morales, Francisco Reveles, Simón Silva, Lupe Solís, Isidro Tarango; y a las familias del valle del Pájaro, California; y, en particular, a Aracelli y Patti Casillas, María Eugenia Domínguez y Enrique Gómez

Acerca de ser salvadoreños en Estados Unidos
A Vicky Flores y su familia; y a René Colato

Acerca de ser panameños en Estados Unidos
A Bernice Randall y Santiago Wood

Acerca de ser españoles en Estados Unidos
A Ana Cerro, Teresa Guillén, Silvia Matute, Solita Salinas y la comunidad de ALDEEU, licenciados y doctores españoles en Estados Unidos

Acerca de ser latinos de origen asiático y la identidad asiática en Estados Unidos
A Amelia Lau Carling y Junko Yokota

Acerca de ser latinos con herencia mixta
A Rosalma, Alfonso, Miguel y Gabriel Zubizarreta; a Virgilú de Miranda Roure, Virginia Marie, Lauren, Allison y Julia Roure; a Marcie, Ashleigh, Treg y Evan Fellers

Acerca de la identidad latina
A Suni Paz, Margie Berta Ávila, y cientos de amigos, hermanas y hermanos con los que transitamos esta ruta para descubrir, apreciar, conservar y compartir nuestra identidad

Recursos adicionales
para jóvenes lectores

Álbumes ilustrados

Ada, Alma Flor. *Me encantan los* Saturdays *y los domingos*. Ilustrado por Elivia Savadier. Doral, FL: Alfaguara, 2004.

Alarcón, Francisco X. *Angels Ride Bikes and Other Fall Poems / Los ángeles andan en bicicleta y otros poemas de otoño*. Ilustrado por Maya Christina González. New York, NY: Children's Book Press, 1999. Ver también del mismo autor *From the Bellybutton of the Moon / Del ombligo de la luna y Laughing Tomatoes / Jitomates risueños*.

Ancona, George. *Mi barrio / My Neighborhood*. New York, NY: Children's Press, 2004. Ver también del mismo autor su colección *We Are Latinos*.

Anzaldúa, Gloria y Consuelo Méndez. *Friends from the Other Side / Amigos del otro lado*. Ilustrado por Consuelo Méndez. San Francisco, CA: Children's Book Press, 1993.

Brown, Mónica. *Conoce a Gabriel García Márquez*. Ilustrado por Raúl Colón. Doral, FL: Alfaguara, 2014. Ver también de la misma autora *Conoce a Pablo Picasso*.

Carling, Amelia Lau. *La tienda de mamá y papá*. Ilustrado por la autora. Toronto, ON: Libros Tigrillo, 1998.

Colato Laínez, René. *From North to South / Del norte al sur*. Ilustrado por Joe Cepeda. New York, NY: Children's Book Press, 2010.

Colato Laínez, René. *¡Juguemos al fútbol y al* football! Ilustrado por Lancman Ink. Doral, FL: Alfaguara, 2013.

Cohn, Diana. *¡Sí, se puede! / Yes, We Can! Janitor Strike in L. A.* Ilustrado por Francisco Delgado. El Paso, TX: Cinco Puntos Press, 2002.

Da Coll, Ivar. *¡Azúcar!* New York, NY: Lectorum. 2005.

González, Lucía. *The Storyteller's Candle / La velita de los cuentos*. Ilustrado por Lulu Delacre. New York, NY: Children's Book Press, 2008.

Herrera, Juan Felipe. *Calling the Doves / El canto de las palomas*. Ilustrado por Elly Simmons. New York, NY: Children's Book Press, 1995.

Pérez, Amada Irma. *My Diary from Here to There / Mi diario de aquí hasta allá*. Ilustrado por Maya Christina González. New York, NY: Children's Book Press, 2008.

Lázaro León, Georgina. *Conoce a Gabriela Mistral*. Ilustrado por Sara Helena Palacios. Doral, FL: Alfaguara, 2012.

Lázaro León, Georgina. *José: Cuando los grandes eran pequeños*. Ilustrado por María Sánchez. New York, NY: Lectorum, 2007.

Medina, Jane. *Mi nombre es Jorge a los dos lados del río / My Name is Jorge on Both Sides of the River*. Ilustrado por Fabricio Vanden Broeck. Honesdale, PA: Worsong, 1999.

Medina, Meg. *Tía Isa quiere un carro*. Ilustrado por Claudio Muñoz. Somerville, MA: Candlewick Press, 2012.

Mora, Pat. *Tomás y la señora de la biblioteca*. Ilustrado por Raúl Colón. New York, NY: Alfred A. Knopf, 1997.

Libros para niños de 9 a 12 años

Ada, Alma Flor. *Me llamo María Isabel*. Ilustrado por K. Dyble Thompson. New York, NY: Atheneum, 1993.

Ada, Alma Flor. *Bajo las palmas reales: Una infancia cubana*. Doral, FL: Alfaguara, 2000.

Ada, Alma Flor y Gabriel M. Zubizarreta. *Nacer bailando*. New York, NY: Atheneum, 2011.

Ada, Alma Flor y Gabriel M. Zubizarreta. *Con cariño, Amalia*. New York, NY: Atheneum, 2012.

Alvarez, Julia. *Devolver al remitente*. New York, NY: Yearling, 2010.

Alvarez, Julia. *En busca de Milagros*. New York, NY: Laurel Leaf, 2006.

Argueta, Jorge. *Xochil and the Flowers / Xóchil, la niña de las flores*. Ilustrado por Carl Angel. San Francisco, CA: Children's Book Press, 2003.

Argueta, Jorge. *La fiesta de las tortillas / The Fiesta of the Tortillas*. Ilustrado por María Jesús Álvarez. Doral, FL: Alfaguara, 2013.

Campoy, F. Isabel y Alma Flor Ada. *Cuentos que contaban nuestras abuelas*. New York, NY: Atheneum, 2006.

Engle, Margarita. *El árbol de la rendición: Poemas de la lucha de Cuba por la libertad*. New York, NY: Henry Holt and Co., 2009.

Jiménez, Francisco. *Senderos fronterizos*. Boston, MA: Graphia, 2002.

Ryan, Pam Muñoz. *El soñador*. Ilustrado por Peter Sís. New York, NY: Scholastic, 2011

Soto, Gary. *Tomando partido*. Doral, FL: Alfaguara, 2007.

Zubizarreta, Rosalma. *La mujer que brillaba aún más que el sol / The Woman Who Outshone the Sun*. Inspirado en un poema de Alejandro Cruz Martínez. Ilustrado por Fernando Olivera. New York, NY: Children's Book Press, 1987.

Índice temático